TIEMPO DE ESPERANZA

ExLibric

ÁNGEL JOSÉ GALA ZAPATERO

TIEMPO DE ESPERANZA

EXLIBRIC

ANTEQUERA 2025

ÁNGEL JOSÉ GALA ZAPATERO

TIEMPO DE ESPERANZA

INSPIRACIÓN

Encerrado en el estudio,
dejo mi mano volar
por el lienzo en blanco,
nívea sábana que resiste
a enseñarme su secreto.

El pincel duda, vacila,
como un susurro sin voz
y, en cada trazo perdido,
se esconde un sueño feroz.

Sombras y luces se cruzan,
danza etérea en la quietud,
pero el lienzo aún calla,
negando su virtud.

Insisto, araño la nada,
buscando un rostro, un latir,
y en el blanco que me observa
solo el tiempo empieza a salir.

De pronto un destello,
un rastro,
un susurro de color,
y el lienzo cede, por fin,
revelando su interior.

Ya no es sombra
ni es vacío,
ni muralla de papel,
es el eco de mi alma
que despierta en el pincel.

DULCE ÁNGEL ESCONDIDO

Dulce ángel escondido,
silente en tu universo,
tu voz es un latido,
un río inmenso y profundo.

Brisas de luz te llaman,
el mundo es un murmullo,
las sombras se derraman
y tú eres su refugio.

Tus ojos son estrellas,
profundos, sin reproche,
luceros sin querellas
que alumbran en la noche.

No hay muro que detenga
tu alma, clara y pura,
ni el miedo que envenena
tu esencia tan segura.

Eres la flor que crece
en tierra solitaria,
el sol que resplandece
sin ansia innecesaria.

Dulce ángel escondido,
en tu rincón de viento,
yo escucho tu latido,
yo entiendo tu silencio.

El mundo es un enjambre
de voces y de prisa,
pero, en tu pecho,
un aire de paz,
callada brisa.

Te buscan con palabras,
con gestos y con ruegos,
mas tú forjas tus alas
con las que vuelas lejos.

No es soledad, es cielo,
es un temblor sagrado,
un mar azul y pleno
donde el eco es callado.

Dulce ángel escondido,
guardado en tu misterio,
el mundo aún no entendió
que habitas un imperio.

Elogio al libro

Testigo mudo de noches calladas,
tesoro eterno de letras doradas,
en sus hojas duermen el alba y el mar,
el eco de voces que enseñan a amar.

Sus páginas cantan, susurran, relatan,
guardan los sueños que nunca acaban.
Sus puertas son mundos,
de siglos, de historias, espejos del alma,
faros de gloria.

En su regazo, el tiempo se esconde,
viaje infinito que nunca acaba.
Nos da mil vidas, nos da mil caminos
y, en su silencio, forja destinos.

Noble libro, refugio y amigo,
en cada página hallo un abrigo.
Mientras el mundo se agita y se pierde,
tú serás lucero, verdad y senda.

En cada estante duermes paciente,
como guardián de un mundo latente.
Tu voz callada, tu aroma a tiempo,
cantan memorias que el tiempo ha puesto.

Eres refugio de almas errantes,
puerto seguro en mares cambiantes.
Quien en tus letras tu vida sumerge
halla en su pecho un fuego que emerge.

No hay soledad donde tú reposas,
ni sombras frías ni horas ociosas.
Eres la llave, la eterna morada,
la luz perenne, la llama sagrada.

Así te honramos, noble tesoro,
trono de sueños, infinito oro.
Mientras el hombre busque sentido,
serás su rumbo, serás su refugio.

A LA DERIVA

A la deriva, en las sombras
trato de recordar
un momento perdido
en el tiempo.

Un susurro, un latir,
unos pasos que se pierden
en un lejano eco,
unas huellas que no volverán.

La brisa arrastra cenizas
de un ayer desvanecido,
rostros que fueron espejos,
nombres que ya no digo.

Las estrellas brillan ausentes,
testigos mudos del olvido
y, en mi pecho, un latido errante
persigue un sueño extinto.

Pero el alma se asoma incierta
deshojando su claridad,
y en la bruma de la memoria
queda un eco y nada más.

Solo el viento, testigo errante,
roza el polvo de lo que fue,
y en su canto interminable
se disuelve mi destino.

Las sombras ya no me nombran,
los pasos cesan su andar,
y en la nada que me envuelve
solo queda recordar.

INOCENCIA PERDIDA

Dulce inocencia perdida
a golpe de maltrato,
herida que no se olvida,
silencio que grita tanto.

Mas, en el pecho, callado,
un latir empieza a sonar,
teje el hilo desgarrado
con tiempo que sabe esperar.

No borra la sombra pasada,
mas lo abraza con dulce candor;
cada grieta, antes quebrada,
se llena de luz y calor.

El alma, en su lento danzar,
aprende a soltar el quebranto
y encuentra, al volver a empezar,
un refugio en su propio canto.

Mis manos tiemblan al tocar
la piel que aún guarda el dolor;
mis ojos aprenden a mirar
el niño que fui con amor.

Y en un rincón, bajo la piel,
susurro a mi voz escondida:
«No estás solo, te encontraré.
Aquí late aún la vida».

SER DE LUZ

En un mundo de líneas
y ruido constante,
hay un alma que danza
sutil y distante.

No busca el tumulto
ni el eco fugaz,
sino un rincón
donde reine la paz.

Sus ojos perciben
lo que otros no ven,
colores que vibran,
detalles que estén.

Un universo propio,
un cielo interior
donde el silencio
se tiñe de amor.

Las palabras no siempre
encuentran su voz,
mas su mente es un río
que fluye veloz.

Con hilos invisibles
teje su existir,
un modo distinto
de ser y vivir.

No es un enigma a descifrar,
ni un camino perdido
que debes hallar.

Es un ser de luz,
un brillo especial,
una forma sincera
de lo esencial.

Acompáñalo suave,
sin prisas ni fin,
escucha su mundo,
su propio confín.
Porque en su latir,
tan puro y veraz,
refleja la vida
en su inmensa paz.

Y, si el viento lo llama
con suave rumor,
él sigue su estrella,
su íntimo ardor.

Un faro en la sombra,
un canto al azar,
un eco de todo
lo que puede brillar.

Su alma es libre,
es eterna, un brote de ser,
un don que nos pide
aprender a ver.

MUNDOS DE LUZ

En tu mirada hay un cielo escondido,
un universo de estrellas sin fin,
donde las voces son ecos dormidos
y el mundo gira con su propio latir.

Tus manos dibujan senderos secretos,
formas y sueños que nadie entendió,
pero en su danza de gestos perfectos
hablan un idioma más puro que el sol,

El ruido del mundo
es un mar que te ahoga;
las sombras te rozan,
te quieren cambiar,
pero en tu esencia brilla una aurora,
una única forma de amar.

No hay barreras en tu pensamiento,
ni reglas fijas en tu realidad,
pues en tu mente florecen los tiempos
donde otros solo ven tempestad.
Eres distinto, y eso es hermoso,
como la luna en su propio compás;
no hay camino que sea forzoso,
solo el que elijas y quieras trazar.

Que nunca el mundo apague tu estrella
ni corte el vuelo de tu libertad,
porque en tu alma, serena y eterna,
habita el brillo de la verdad.

El Alquimista (Elogio)

En las arenas del vasto destino
un niño soñaba con oro divino.
Buscó en estrellas, en viento y desierto,
siguiendo un sueño, un viaje incierto.

Santiago aprendió que el mundo susurra,
que el alma escucha
si el miedo se entierra,
que todo lenguaje,
sin voz ni letras, habla en los signos,
murmura en estrellas.

El sol y la luna fueron testigos
de aquel que entiende
que somos caminos.

Que el oro más puro
no brilla en la arena,
sino en el alma
que encuentra su estrella.

Libro sabio de magia y de vida,
faro en la sombra,
verdad encendida.
Que todo el que lea tus letras doradas
busque en su pecho su luz olvidada.

Alquimista, sabiduría,
brilla en los ojos de quien te guía,
libro eterno, que quien te lea
haga de su vida una gran odisea.

ALMAS DE METAL

Alma de metal,
entrañas de hierro,
piel de frío acero,
corazón de hielo.

En la noche oscura,
bajo la luna menguante,
mientras el viento canta
con voz de lamento.

Sin emoción alguna,
sin latir ni suspiro,
camina entre sombras
un ser sin destino.

Alma de metal,
entrañas de hierro,
piel de frío acero,
corazón de hielo.

Forjado en el fuego
de una era olvidada,
su mirada vacía,
su ánima desdibujada.

En un mundo de humanos
él es la excepción,
una maquina eterna
sin compasión ni razón.

Alma de metal,
entrañas de hierro,
piel de frío acero,
corazón de hielo.

Bajo la ácida lluvia,
bajo el sol abrasador,
permanece inmutable
un guerrero sin temor.

A través de los siglos
su historia se escribe,
un eco de metal
en el silencio se aleja.

Alma de metal,
entrañas de hierro,
piel de frío acero,
corazón de hielo.

Noble libro

Noble y amado libro,
fiel compañero
de aventuras y viajes,
de sueños y realidad,
de risas y llantos,
de esperanza y desamor.

He navegado
infinitas singladuras
en el océano de tus letras,
a veces en plácidos mares,
otras en tormentosas aguas,
pero siempre me llevaste
a puerto seguro.

En cada una de tus páginas
dejaste huellas de luz
grabadas en mi alma,
susurros de antiguos tiempos,
promesas de mundos lejanos.

Fuiste lucero en la niebla,
brújula en la deriva,
refugio en noches sin luna
y eco de voces
que creí olvidadas.

Hoy, al volver a abrirte,
siento el calor de lo eterno,
el saber que, aunque todo cambia,
tú permaneces
silente y sabio,
esperando mi regreso
para zarpar, una vez más.

Y cuando mis manos tiemblen
y mis ojos se nublen,
cuando el tiempo me reclame
y el cuerpo empiece a rendirse,
serás tú quien me recuerde
quién fui,
quién soñé ser
y todo lo que viví
entre tus páginas.
Entonces, cerraré tus tapas
como quien cierra una vida,
pero no con tristeza,
sino con gratitud inmensa.
Porque tú, noble libro,
no fuiste solo tinta y papel;
fuiste alma,
fuiste hogar,
fuiste eternidad
entre mis manos.

Homo sapiens

Oídos sordos hacemos,
no queremos escuchar
el llanto del sauce,
el dolor del jazmín,
el aullido triste y desgarrador
del alba.

Homo sapiens sale
de su caverna ancestral,
ciudadana y gris,
de caza,
con su progreso a cuestas
como arma.

Moderno Caronte
de la naturaleza.

Despierta, Homo sapiens.
No insistas en navegar
por esa laguna Estigia
cuya única salida es la muerte.
La muerte de todo aquello
que nos hace vivir
en esta aldea global
que llamamos TIERRA.

Náufrago

Por las horas del día navego,
sin brújula ni compás.
Perdí el rumbo hace tiempo
la noche que te fuiste,
te arrancó de mí
la tempestad.

Ola cruel y bravía.
arrastró tu cuerpo
sin piedad,
y mi alma arrojó a las rocas
de la desesperación.

Encalló allí mi vida
rota junto a la tuya,
sin caridad.

Dejó mi corazón astillado,
hecho trizas sin piedad
y ningún calafate
podrá reflotarlo
para que vuelva a navegar.

Maldita la Parca asesina,
maldito Caronte,
su adalid y servidor.
En su barca cruzaste
la laguna Estigia.

Nada pude hacer
para impedirte partir.

Por las horas del día navego,
sin saber dónde volveré
a tocar puerto seguro,
sin volver a saber
nunca más de ti.

FAUNA

Estaba sola la rana,
escondida,
mirando a través
de su alfombra de cristal.

Furtiva enseña un ojo,
ahora los dos,
ahora su sonrisa,
ahora su color.

Esmeralda viva
engarzada,
cual joya brillante
en tu selva vegetal.

El dulce murmullo del viento
te acuna en tu hoja
y tu pequeña alhaja,
te dejas llevar
por el ritmo sutil
de la lluvia al pasar.
Cantando en silencio,
guardiana del verde
te envuelves en sombra
y en luz a la vez.

El mundo, allá afuera,
no logra inquietarte,
eres sueño de río,
promesa de libertad.

Cuando la luna
te toca despacio,
brillas como una estrella
en tu firmamento animal.

Quedas así,
como un suspiro del bosque,
sola, pero inmensa
en tu trono de cristal.

Reina silenciosa
del instante, de tu rama,
y, cuando al fin
la noche te llama,
cierras los ojos y duermes,
sin prisa,
mi esmeralda soñada.

OLVIDO

Alzheimer,
¿qué era eso?
No recuerdo,
lo olvidé.

Camino por sombras mudas,
rostros vienen, rostros van,
susurran nombres al viento,
pero ya no dicen más.

Las fotos son solo manchas,
huellas de un ayer borroso,
ecos lejanos que juegan
a esconderse entre mis ojos.

Alzheimer,
¿qué era eso?
No recuerdo,
lo olvidé.

Mis manos buscan un nombre
que una vez supe escribir,
pero el tiempo lo ha borrado,
como a mí, de mi existir.

Y en el último latido,
cuando ya no quede yo,
solo el viento repetirá
lo que mi alma olvidó.

Alzheimer,
¿qué era eso?
No recuerdo,
lo olvidé.

Ojos oceánicos

En tus ojos oceánicos
me pierdo,
cual gigante marino
despreocupado
por su futuro.

Brillan olas en tu mirada,
susurros de espuma y sal,
un vaivén de mil secretos
que me invitan a soñar.

Navego en tu azul profundo,
sin brújula, sin temor,
pues en tu abismo infinito
late el eco de mi amor.

Las corrientes de tus pupilas
me arrastran, no lo puedo resistir,
y en su danza voluptuosa
siento mi alma latir.

Cada parpadeo tuyo
es un faro en la tormenta,
una luz que me rescata,
un calor que me sustenta.

Y así, sin miedo ni dudas,
me entrego a su inmensidad,
pues en tus ojos hallo mi puerto,
mi refugio, mi verdad.

Que el mundo siga su rumbo
y el tiempo su loco correr.
En el océano de tu mirada,
amor mío,
siempre me querré perder.

MANIQUÍ

Cual maniquí ajado,
tu ausencia
descompone mi cuerpo
y oscurece mi razón.

Soy sombra de lo que fui,
un eco roto en el viento,
un latido suspendido
en el abismo del tiempo.

Tus huellas, polvo y ceniza,
se diluyen sin piedad,
mas en mi piel aún persisten
como llagas.

El silencio es un espejo
donde intento adivinar
si algún día tu regreso
me volverá a restaurar.

Pues el tiempo, cruel testigo,
no devuelve lo que fue,
solo deja ruinas frías
donde ardió lo que soñé.

Tu ausencia, piedra y vacío,
ha tallado mi soledad,
y aunque busque entre mis sombras,
no hay nada ya que encontrar.

Así, deshecho y callado,
me abandono al porvenir
como un maniquí ajado
que se olvidó de vivir.

Dulce pájaro de juventud

Dulce pájaro de juventud,
aún resuenan en mi memoria
tus suaves aleteos
y tu dulce cantar
al amanecer.

Fugaz danzabas entre los días,
dejando huellas de oro y sol,
con alas llenas de fantasía,
con trinos hechos de ilusión.

Pero el viento, cruel y errante,
te llevó lejos, sin avisar,
y en el árbol de mis recuerdos
solo el eco quiso quedar.

Dulce pájaro de juventud,
te busco en el rincón de cada brisa,
en cada rayo de luz fugaz,
pero solo quedan cenizas
de aquel canto que fue paz.

Si vuelves,
aunque sea con un susurro,
déjame oírte una vez más,
para abrazar, aunque sea en sueños,
la primavera que se va.

Y si un día al fin me pierdo
en la bruma del final,
sé que en el alba infinita
volveré a escucharte cantar.

MANO COBARDE

Otra más,
dice la prensa,
otra vida arrancada;
otra más,
dice la radio,
otra vida que se fue.

Mano cobarde,
machista, asesina,
mano que descargas
cual feroz guadaña,
sin piedad,
sin mirar espacio,
tiempo y lugar.

De la forma más vil
y cruel posible
repartes sin piedad
tu ira homicida.
«La maté porque era mía»,
como dice el castellano refrán.
¿Te crees acaso dueño,
avaro de Molière,
de la vida,
del destino,
de tus hijos,
de tu mujer?

¿Quién te asignó
ese papel de verdugo,
de dios divino y castigador,
de diablo asesino y vil?

Aplaca tu ira, mano cobarde,
sé tolerante y aplica
este universal precepto:
«vive y deja vivir».
Disfruta en paz de tu vida,
deja la de los demás fluir.

Mujer valiente

Mujer valiente y serena,
forjada cual estrella
en el crisol del universo,
templada en mil tormentas,
luz que no se quiebra,
raíz que abraza el cielo.

Mujer de fuego callado
que danza entre las sombras
eterna, como el eco del tiempo.

Pilar de mundo emergentes
que guarda en su pecho
la chispa de mil mañanas.

Sus pasos despiertan la tierra,
su voz acaricia las olas,
un lucero en la noche oscura.

Y en su quietud
reposa el cosmos,
mujer que alumbra y sostiene,
estrella infinita.

Mujeres que admiro

Hay mujeres que admiro
y no conozco
que a veces lloran.

Lloran,
para lavar sus heridas.
Lloran,
porque el silencio quema.
Lloran,
porque en sus raíces
germinan flores ardientes.

Hay mujeres que admiro
y no conozco,
que a veces lloran.

Lloran,
para romper sus cadenas.
Lloran,
para que el mundo las mire.
Lloran,
porque en sus espaldas cargan
siglos de sombras.
Lloran
y en cada gota
despiertan ríos dormidos.

Hay mujeres que admiro
y no conozco
que a veces lloran.

Lloran,
para romper los espejos.
Lloran,
para que su voz retumbe.
Lloran,
porque en sus entrañas
arden rugidos de tormenta.

Lloran
y, al final del llanto,
se alzan,
tejiendo luz con sus manos,
sembrando paz en la tierra.

Hay mujeres que admiro
y no conozco
que a veces lloran.

MUJER

Naciste vulnerable,
te criaron con prejuicios,
intentabas volar
y no podías.

Diste con el peor de los seres,
te marcó la vida,
te hizo creer
que nada valías.

Se apoderó de ti la tristeza
que venció tu alegría,
pero despertó tu rabia,
empezaste a luchar
como una heroína.

Alzaste el vuelo,
sin que te importara qué dirán,
conseguiste vencer tus miedos,
mujer valiente,
mujer luchadora.
Mujer libre,
ganadora de tus sueños,
como águila majestuosa
que alza el vuelo,
sin ataduras,

sin mirar atrás,
sin miedo al pasado.

Vuela lejos,
espíritu libre,
vuela lejos,
mujer.

EXPECTATIVA Y ESPERANZA

Expectativa de todo,
esperanza de nada
es mi realidad.
Quiero mirar al frente,
dejar el miedo a vivir,
quiero mirar al frente,
dejar el miedo a morir.

Camino por la tarde solo,
el río murmulla su adiós,
el árbol guarda mi memoria
y el polvo cubre los dos.

¿Qué espero del sol que muere
tras el cerro del despertar?
Un paso más y el sendero
se pierde sin empezar.
Mas sigue el agua con su canto
y el viento su leve rumor,
algo mi alba turba
y calla mi corazón.
¿Es vivir este silencio
que pesa sobre mis pasos?
El miedo se diluye en las sombras,
la luz no me alcanzará.

Y sigo, inquieto viajero,
con el alba en la mirada,
pues todo se vuelve sueño
en el camino
que he de andar.

VIDA Y MUERTE

Vida, dulce mentira
que embriaga con su luz,
susurra mil promesas
y oculta su inquietud.

Muerte, cruel realidad
silente y sin engaño
despoja las ficciones
con su beso tan extraño.

Mas, entre sombras y sueños,
danza el tiempo sin cesar,
y en un efímero latido
aprendemos a olvidar.

Olvidar que somos polvo,
que el reloj no va hacia atrás,
que la risa es un susurro
y el amor un fugaz parpadear.

Vida juega con espejos,
muerte rompe su cristal
y en la senda de los años
solo queda caminar.

Caminar sin más certezas
que el latido y su compás,
hasta que la sombra llegue
y nos vuelva eternidad.

TIEMPO DE ESPERA

Tiempo de espera
y de cambio,
tiempo marchito
y congelador.

Tiempo que se dilata
cual muelle infinito
de segundos.

Tiempo que se detuvo
aquel día,
tiempo que se adormece
y no quiere despertar.

Ya no queda mucho tiempo,
amada mía,
tiempo que nos quitaron
y no regresará.

Tiempo al tiempo
hay que dar
y, aunque eres raudo
y caprichoso,
no desesperes, tiempo,
todo llegará,
todo pasará.

Día de Difuntos

Mares de flores
de plástico veo
cual coral muerto
en yermo mar.

De los Santos
viene el día
y, sobre el camposanto,
su triste residuo derramará.

Colores vivos
pero sin vida,
falsos pétalos
que el viento olvida.

No hay aroma,
no hay susurros,
solo sombras
de un impuro luto.

La tierra calla,
llora en silencio
cubierta de huellas
en un duelo incierto.

Y, mientras pasan
los que recuerdan,
queda el plástico
como promesa.

El tiempo borra
lágrimas y rezos,
pero el olvido
se torna eterno.

AÑO NUEVO

Año Nuevo,
sueños rotos,
decisiones,
qué difícil comenzar.

Las promesas se deslizan
como arena entre los dedos,
y el ayer pesa en la espalda
como sombra de un deseo.

Pero el alba se avecina
dibujando un nuevo intento,
un atisbo de esperanza
en los bordes del invierno.

Paso a paso, sin certeza,
con las dudas como abrigo
voy tejiendo un nuevo sueño
con los retos del camino.

Y, aunque el miedo aún acecha
y la herida sigue igual,
cada día es una puerta
que invita a continuar.

NEGRA SOMBRA

Aparta esa negra sombra
y deja mi alma latir;
mi corazón lloró ya bastante,
déjame el abrazo del sol
sentir.

Que la luz deshaga las cadenas,
espejos rotos de un gris ayer
que el alba,
con sus manos llenas,
teja un manto de paz
sobre mí.

La sombra,
cuervo de alas inquietas,
susurra ecos
de un viejo dolor,
mas el sol,
rey de las siluetas,
pinta de oro mi interior.

Que el río lave
las frías cenizas,
que el viento lleve mi voz
al último confín,
y en la danza de los nuevos días
halle mi espíritu
paz al fin.

Amor de mi vida

Amor de mi vida,
sereno,
cual lágrima de rosa tardía,
tranquilo,
déjame reposar en ti.

Que tu cuerpo sienta el mío
y el mío tu calor,
que los dos respiren
como uno,
cuando hagan el amor.

Que tus ojos sean mi mar
donde naufrago sin fin,
que tu aliento me recorra
como el viento en las ramas
del árbol de la vida.

Amor de mi vida,
callado,
como la tierra
que siente el sol.
Tu piel es mi morada
y tu pecho mi hoguera
que eterna arde sin fin.

Que sean tus manos mi orilla
donde el océano rompe su voz,
que tu risa me sostenga
como el cielo al ruiseñor.

Y, cuando el tiempo nos doblegue
y la carne olvide
su caminar,
amor de mi vida,
en tu abrazo me fundiré
al despertar.
Un solo latido, un solo mar.

Viajero I

Vivir es increíble, viajero,
yo no te puedo seguir;
vivir es increíble, viajero,
vive tú por mí.

Que tus pasos despierten senderos
donde mi sombra no ve,
que tus ojos abracen el cielo
que mi luz no ha de alcanzar.

Vivir es un fuego que danza
si tú lo sabes avivar,
yo me quedo en la distancia
mirándote mientras te vas.

Viajero, lleva mi risa al viento,
mis sueños al confín;
vivir es increíble, lo siento,
mas no es mi camino, es el fin.

Que tus días sean un relámpago
que parta en dos la eternidad,
yo me apago en un lejano eco
guardando tu vitalidad.

Ve, viajero, con mi aliento
que late en ti al partir;
vivir es increíble, te dejo
mi vida en tu existir.

Viajero II

Verde viento en tus sienes canta,
verde como el limonero en flor,
tus botas pisan la luna blanca
y mi sombre se quiebra de dolor.

El río lleva tus ojos lejos,
agua negra que no miro al pasar;
vivir es un baile de espejos
y yo, quieto, te dejo brillar.

Viajero, la noche te ciñe el talle
con cuchillos de estrella y jazmín;
lleva mi voz por los montes y el valle,
que se pierda en el inmenso confín.

Ay, que el aire se tiñe de luto,
tu camino es un grito sin fin;
vive, viajero, lleva mi semilla contigo,
que la muerte me abraza con tu partir.

VIAJERO III

Tus pasos cruzan campos que ignoro,
un aire gris los lleva al azar,
y yo, en mi sombra, guardo con decoro
el no poderte nunca alcanzar.

El sol que tiñe tus días lejanos
no calienta mi rincón de cristal;
vivir es un eco en tus manos,
un sueño roto que no supe amar.

Viajero, el tiempo teje tu nombre
en hilos que mi voz no pronunció,
y el silencio, con su lento apetito,
devora lo que el viento dejó.

No hay regreso en tus ojos oscuros,
solo un mar que se pierde al partir;
vive, viajero, entre muros seguros,
que mi vida se acaba al despertar.

LLANTO SILENCIOSO

Mi llanto silencioso
cae sobre mi regazo
cual lánguida pluma
desprendida del ala
del negro cuervo que
sobrevuela mi alma.

Va tejiendo en la sombra
un sudario de niebla,
un río de espejismos
donde mi voz se quiebra.

Cisne de luna herido,
eco de un tiempo amargo
se posa en mis entrañas
y se enreda, como harapos.

Vuela, llanto sombrío,
disuélvete en la brisa,
que el viento de la noche
te borre de mi vida,
igual que se pierde el rastro
de un sueño en la neblina.

Pero sigue latiendo
bajo mi piel, callado,
gota a gota, en mi pecho
olvidada cicatriz.

Y, aunque el alba despunte
con su dorado fulgor,
tus alas de ceniza
aún rozan mi costado.

Mas que el sol los borre,
que el tiempo los derrame
y, con la última brisa,
mi alma, al fin, descanse.

PARTIDA

Me han dicho que te fuiste
y no me lo pude creer;
no concibo que marcharas
sin una palabra,
sin un adiós,
sin un hasta después.

El aire guarda tu paso leve,
un susurro que no sé nombrar
y, en el silencio, la tarde escribe
tu nombre, que empiezo a olvidar.

¿Dónde quedó la luz de tus ojos,
ese cristal que me vio nacer?
Se fue contigo, entre los despojos
de un día quieto que no quise ver.

El mar murmulla tu nombre,
lento, como un niño que juega a olvidar,
y yo en mi ser llevo el intento
de hallarte aún en la sal del mar.
Te fuiste, sí, mas no te has ido,
vives en mí como el alba en la flor,
un eco puro, un latir perdido
que el tiempo guarda.

Y ahora sé, en la paz del vacío,
que tu partida fue al fin un nacer;
te llevo, eterna, bajo mi piel,
como la estrella que arde sin morir.

Cabeza pensante

Cabeza pensante,
cabeza sin razón,
cuernos negros planean sobre ella,
alientan mi locura,
mitigan mi dolor.

Sombras que desgarran la noche,
voces que apuñalan con su clamor,
el alma sangra con un reproche,
aullando en un abismo de dolor.

Lágrimas que queman como brasas,
el pecho estalla en su roto silencio,
los cuervos graznan sus amenazas
y mi mente se hunde en oscuros sueños.

Un viento helado me atraviesa,
arrancando jirones de mi ser,
la luz se ahoga en la certeza
de un vacío
que no deja de crecer.

El suelo tiembla bajo mis pasos,
un sordo eco de eternidad,
mi sombra danza en los fracasos,
prisionera de su propia realidad.

La carne cede al negro filo,
un grito en la bruma se pierde,
los cuervos devoran mi sosiego
y la tierra me traga en su negrura.

Al fin, el silencio me corona,
rey sin reino,
polvo sin fin,
la locura en su trono resuena
y mi alma se extingue, al fin.

CORAZÓN CONTENTO

Corazón contento
que, cual potro, te desbocas,
cuando el lazo quiero echarte
y a mi pecho amarrarte,
nunca logro detenerte
y, de mis dedos, hábilmente
te escapas, me derrotas.

Corazón contento
que galopas sin reposo,
como un viento bullicioso
que se lleva mi lamento.

Persigo tu paso ardiente,
mas te burlas de mi intento,
y en tu fuga, tan violento,
dejas mi alma impaciente.

Mas, en tu trote ligero,
entre sombras y destellos,
mi desespero se pierde
en tus brincos ligeros.
Corazón, mi fiel sendero,
aunque libre te deje,
siempre vuelves, compañero,
a danzar entre mis sueños.

PRIMAVERA RADIANTE

La primavera llega radiante
al jardín de piedra
donde yace mi corazón.
Envuelto en la hiedra
que abraza mi fría morada,
sus latidos, ecos de nada,
brillan en el mortecino sol.
Las flores despiertan lentas,
pétalos de un tiempo pasado,
susurran, hiriendo el viento
melodías de tormenta.
Mi alma en silencio espera,
entre tumbas de quimeras,
que aligere su peso la luz.
Y aunque la piedra no ceda,
ni el corazón despierte ya,
la primavera en su danza
va tejiendo vida en la seda
de un ayer que se desvanece,
hasta que el sol, en su ocaso,
devuelva a mi pecho la esperanza.

MAYO

Ya se toca
el azahar
en el aire.
Embrujado mayo,
todo es presagio
de un sol que arde
sin quemar.

La tarde se alarga
como un suspiro,
y el viento murmura
viejos secretos
entre las hojas
de los naranjos.

Los cuerpos despiertan
al roce del aire,
y en cada rincón
florece un deseo
que no se nombra,
pero que queda,
como el aroma a azahar,
en mi memoria.

Mientras el campo calla,
pasan raudas las nubes
sin dejar huella.

Cruza una cigüeña
sobre la era
y, en la vereda,
el leve polvo del caminante
tiembla y espera.

Mayo sin prisa,
mayo que duerme
sobre la piedra.

Ni el agua canta,
ni el aire hiere,
todo es recuerdo
de primavera.

Mayo,
azahar, cruces y patios.
Mayo,
promesas.

Ensoñación

Sentado en el parque
en esta tarde serena,
solo se oye,
a lo lejos,
el ruido de la chiquillería
jugando a vete a saber qué.
Me recuerda
a esas bandadas de gorriones
que revolotean a tu alrededor,
intentando robar,
furtivamente,
unas migas de pan.

Entonces pienso
—sin querer—
en los días que fueron,
cuando también mi risa
corría sin dueño
entre bancos de piedra
y fuentes dormidas.

Hoy soy el banco,
la sombra alargada,
el árbol callado
que observa y admira.

La vida pasó,
como pasan los juegos,
con risas, con polvo,
con tardes de primavera.

Y ahora los niños,
que no me conocen,
me traen, sin saberlo,
un trozo de mí.

«No todo se fue»,
digo en silencio.
Hay pequeñas cosas
que nunca se extinguen:
un juego, una risa,
la esperanza en algo,
el crujir del tiempo
que aún sabe a vida.

Quizás ya no corro
tras balones rojos,
ni trepo a los árboles
como antes solía,
pero aún me conmueve ver
cómo florece la misma alegría
que, un día, fue mía.

DESTINO

«Mi destino
está en tus manos»,
te dije aquella vez;
mi alma y esperanzas,
mis sueños y alegrías
en tu regazo dejé.

Como el río se entrega
al cauce que lo guía,
como el ave que vuela
siguiendo su rumbo,
así mi ser entero
te nombró su dueño.

No supe de temores,
ni dudas, ni porques,
solo quise mirarte
y confiar en ti,
otra vez.

Y, aunque el tiempo cruel
nos ponga a prueba a veces,
tu voz será mi guía,
tu abrazo mi meta.

Porque en cada paso
que doy sin desfallecer,
tu luz me va llevando
a un nuevo amanecer.

Si el destino cambia
su rumbo al azar,
mientras tú me acompañes
no dejaré de soñar.

Me canso de mí

Me canso de mí
más que del mundo,
de este yo que repite,
que arrastra los días
como invisibles cadenas.

Me canso de mi voz
diciendo «todo está bien»,
de mis manos quietas,
de mis planes en pausa,
de las ganas que no llegan.

Hay algo en mí
que se quedó atrás
y que todavía aún
no me ha alcanzado.

Y yo sigo aquí,
cargando este cuerpo
como si fuera
una casa vacía
con las luces encendidas.

RUIDO BLANCO

Me despierto cansado,
como si no hubiera dormido
en días, en semanas,
como si la noche
me hablara en lenguas
que no entiendo.

El despertador suena,
pero es solo parte
del ruido blanco
que me envuelve,
voz de jefe,
miradas vacías,
pantallas de móvil.

Yo también soy
una pantalla apagada,
parpadeo,
parezco estar aquí,
pero, por dentro,
solo hay ruido, ruido blanco,
de fondo.

GRIS

Hoy toda pesa,
el cuerpo, la sombra,
el paso, la hora.

Nada arde,
nada duele,
nada importa.

He olvidado el color
del entusiasmo,
y me sale la voz
con sabor a polvo.

Respiro por costumbre,
camino por inercia,
viviendo como quien espera,
para poder volver
a despertar.

El niño que fui

A veces lo veo
sentado en un rincón
de mi memoria.

Tiene grandes los ojos
y una pregunta en la boca
que nunca llegó a hacer.

Me mira con tristeza,
pero sin reproche,
como si supiera
que algo se perdió
en el camino.

Yo lo miro también,
sin saber qué decirle,
ni cómo explicarle
que no todo salió bien,
que no fui un héroe,
que, a veces,
ni siquiera luché.
Pero me siento a su lado,
en silencio,
cojo su mano
y me miro en sus ojos,
pido perdón, en silencio,

con torpeza,
con la culpa entre los dedos.

Tú,
el niño que fui,
me esperas sin rencor,
pero con la mirada caída.

No supe cuidarte,
te fallé;
cuando gritabas,
te tapé la boca;
te empujé al fondo,
mientras llorabas.

Te dije «sé fuerte»
cuando solo querías
que te abrazara,
sin condiciones.

Ahora me miras otra vez,
no me juzgas,
solo quieres saber
si aún queda algo de ti
en mi interior.
Aunque no lo creas,
aún te escucho
cuando todo calla.

Reconstrucción

Estoy cansado,
agotado,
no puedo más.
Basta ya de mentiras,
basta ya de miedos,
basta ya de angustia.

Que se rompa el silencio
que oprime mi pecho,
que la herida se abra

y sane al fin.
No quiero más máscaras,
ni falsas sonrisas,
ni más noches en vela,
ni más almas en pena.

Quiero paz en mis ojos,
verdad en mi voz,
abrir puertas y cerrojos,
hablar sin dolor.
Pero a solas incluso
me escondo de mí,
esquivo los espejos,
aún sin admitir
que cargo un vacío

que no sé nombrar,
una antigua culpa
que no sé dejar.

Camino sin rumbo
dentro de mí,
perdiendo batallas
que no quise luchar.

Y me digo: «Mañana».
Me juro cambiar,
pero vuelvo al abismo
al volver a pensar.

Hasta que grito,
lloro,
caigo,
exploto,
hasta que el alma,
al fin, se desploma,
no queda ya orgullo ni miedo.

Solo estoy yo,
desnudo,
en un mar de dolor,
reclamando un abrazo,
mendigando amor.

Silencio entonces,
sin peso;
no es vacío,
es espacio;
no es fin,
es comienzo.

Me alzo del suelo
con los pies temblorosos,
la mirada borrosa
y sed en los ojos.

Ya no soy el mismo,
tampoco mejor,
pero entre las ruinas
hay un brote en flor.

Entonces respiro,
profundo, por primera vez,
no por fingir,
sino para volver a ser.

¿QUIÉN SOY?

«¿Quién soy?»,
me pregunto.
Me miro en el espejo
y no sé responder.

Es mi cara,
pero esos ojos
no me reconocen,
parecen buscar algo,
algo que perdí
sin darme cuenta.

¿Soy esa cansada frente,
esos labios callados,
esas ojeras
como cicatrices de guerra?

¿Soy el pensamiento
que huye cada vez
que intento quedarme?

Fui muchos:
el que fingía,
el que soñaba,
el que corría tras metas
que mías no eran…

Tal vez soy
la suma de todos,
o tal vez
la resta de ellos.

Y ahora,
frente al espejo,
sigo buscando,
aunque duela,
aunque tarde,
aunque nunca tenga
una respuesta cierta.

EL GRITO

Grito
con voz callada,
grito en silencio,
grito sin fin.

Es un rugido interno,
áspero,
que araña el interior
de mi pecho cerrado.

No lo oyen,
pero lo llevo dentro,
como un temblor en la sangre,
como un trueno atrapado
en la garganta.

No tengo palabras,
no tengo lágrimas,
solo pasión,
solo fuego.

¿Dónde poner este grito,
que no cabe en mi cabeza,
en mis gestos,
en mis rezos?

He fingido calma
tanto tiempo,
que no sé si reír
o si llorar.

Pero grito,
a mi manera,
a escondidas,
con los dientes apretados
cada vez que respiro.

Entonces, quizás, algún día
este grito profundo
hará trizas el miedo
y podré, al fin,
respirar, sentir,
hablar, vivir.

OTRA NOCHE

Otra noche de silencio,
noche eterna cruel,
cadena interminable
de segundos y minutos
que se pegan a mí,
como la oscuridad
que me envuelve.

Mis pensamientos caen,
gota a gota
como si el tiempo llorara,
poco a poco,
dentro de mi ser.

No hay paz en mi almohada,
ni tregua en los sueños
que siguen sin llegar.

El reloj es un enemigo
que no marca nada,
solo guía
la deriva de mi alma.

Mientras yo,
prisionero de mí mismo,
ensueño nombres
que ya no responden.

Pero hay un leve rumor
en el aire quieto,
una grieta en la sombra
por donde asoma
una hebra de luz.

Quizás el alba,
harta ya de silencio,
se acerque despacio
a recordarme que
aún hay mañana,
hay esperanza.

Esa hebra de luz,
apenas un suspiro
que rompe la negrura
de la noche eterna,
se convierte en hilo
que me cose de nuevo,
parte a parte,
latido a latido.

Retrocede la oscuridad
como animal vencido,
y el frío se rinde
ante el tibio aliento
de un día que comienza.

Respiro, entonces,
por elección
no por costumbre;
ese gesto simple
me dice que aún,
a pesar de la oscuridad,
hay luz dentro de mí.

Desnudo

Como ropas viejas
me arranco las palabras
manchadas de miedo,
gastadas de no pronunciar.

Frente al espejo
de mi alma
no hay máscaras,
no hay disfraces,
solo estoy yo
con mi carne trémula
y la mirada
sin refugio.

Callé ya demasiado,
vistiendo sonrisas
que no eran mías;
fingí llevar abrigo
cuando solo portaba
el peso del frío.

Pero no,
hoy me quedo así,
desnudo,
frágil,
pero yo al fin.

Quizás haya perdón,
quizás redención
siquiera alivio,
pero me muestro así,
desnudo,
sin escudos.

Al fin soy yo,
al fin puedo volver
a empezar.

TIEMPO DE ESPERANZA (EPÍLOGO)

Tiempo de esperanza,
sereno, goloso, embriagador,
promesa de una nueva primavera
o de un otoño más benigno.

Brisa que acaricia
sin pedir nada,
mirada que se posa
sin temor,
silencio que no duele
ni aplasta,
sino que canta, bajito,
su melodía.

Tiempo de espera
sin impaciencia,
de siembra sin miedo
a la cosecha,
de pasos, aunque torpes
avanzan, sobre un suelo
que ya no se resquebraja.
Tiempo de esperanza,
de heridas que
ya no sangran,
solo enseñan cicatrices
que cuentan su historia,
sin rencor, sin orgullo, sin pena.

Es tiempo de café y ventanas,
de luz colándose
entre persianas,
de cartas que no llegan,
pero que existen
en el rincón más tibio del alma.
Tiempo de abrazos largos,
lentos,
de manos que no sueltan,
aunque estén temblando,
de palabras que no buscan respuestas,
sino quedarse a vivir,
simplemente.

Tiempo al fin de mirar
sin amargura el pasado,
de confiar
como quien vuelve a empezar,
de entender que la vida
no es victoria,
sino ese instante que transitas,
que quieres hacer durar.

Tiempo de esperanza,
como cuando me hablabas
sin hablar,
con esa forma tuya de mirar
y quedarte, sin ruido,
en mi lugar.

Es tiempo de tu risa
en mi memoria,
de tus gestos marcados
en mi piel,
de nombrarte sin miedo,
ni tristeza,
porque vives en todo mi ser.
Tiempo de recogerte
en mis mañanas,
de encontrarte
en las cosas más sencillas
y saber que,
aunque el mundo se disuelva,
tu amor me sostiene
todavía.

«Este poema está dedicado a ti,
que fuiste abrigo en mis inviernos,
claridad en mis sombras
y esperanza en todos mis tiempos».

Índice